Matthias Fiedler

Le concept de l'appariement immobilier innovant simplifie le courtage immobilier

Appariement immobilier: le courtage immobilier devient simple, efficace et professionnel grâce à un portail d'appariement immobilier innovant

Mentions légales

1ère édition papier | Février 2017
Français (Canada)
(Publié initialement en allemand, décembre 2016)

© 2016 Matthias Fiedler

Matthias Fiedler
Erika-von-Brockdorff-Str. 19
41352 Korschenbroich
Allemagne
www.matthiasfiedler.net

Composition et impression:
Voir la mention imprimée à la dernière page

Conception de la couverture: Matthias Fiedler
Réalisation de l'e-book: Matthias Fiedler

Tous droits réservés.

ISBN-13 (broché): 978-3-947184-96-5
ISBN-13 (E-Book mobi): 978-3-947184-42-2
ISBN-13 (E-Book epub): 978-3-947184-43-9

Information bibliographique de la Bibliothèque nationale allemande: La Bibliothèque nationale allemande répertorie cette publication dans la bibliographie nationale allemande; les données bibliographiques détaillées peuvent être consultées sur Internet à l'adresse http://dnb.d-nb.de.

RÉSUMÉ

Dans cet ouvrage est expliqué un concept révolutionnaire de portail mondial (appli - application) dédié à l'appariement immobilier et incluant le calcul d'un potentiel de chiffre d'affaires considérable (en milliards d'euros); ce concept est intégré dans un logiciel de courtage immobilier incluant une évaluation immobilière (le chiffre d'affaires potentiel se chiffre en trillions d'euros).

Ce concept permet de proposer rapidement et efficacement des logements et des locaux professionnels et commerciaux soit pour un usage propre soit pour la location. Il représente l'avenir du courtage immobilier innovant et professionnel pour tous les agents immobiliers et clients potentiels. L'appariement immobilier fonctionne dans presque tous les pays et même à l'échelle internationale.

Plutôt que de «livrer» des biens immobiliers à l'acheteur ou au locataire, le portail d'appariement immobilier qualifie les clients potentiels via un profil de recherche, il compare et met en relation leurs besoins et les offres des agents immobiliers.

TABLE DES MATIÈRES

AVANT-PROPOS

En 2011, j'ai étudié et développé le concept ici décrit de l'appariement immobilier innovant.

Je travaille depuis 1998 dans le domaine de l'immobilier (entre autres dans le courtage immobilier, l'achat et la vente, l'évaluation, la location et le développement de propriétés). Je suis entre autres agent immobilier agréé (IHK), diplômé en économie immobilière (ADI), expert en évaluation immobilière (DEKRA) et membre de l'association immobilière de la Royal Institution of Chartered Surveyors (MRICS) reconnue au niveau international.

Matthias Fiedler
Korschenbroich, le 31.10.2016
www.matthiasfiedler.net

1. Le concept de l'appariement immobilier innovant, pour simplifier le courtage immobilier

Appariement immobilier: le courtage immobilier simple, efficace et professionnel grâce à un portail d'appariement immobilier innovant

Plutôt que de «livrer» les biens immobiliers à des acheteurs ou à des locataires, le portail d'appariement immobilier (appli – application) détermine la qualification des clients potentiels via un profil de recherche, il compare et met en relation leurs besoins avec les propriétés proposées par les agents immobiliers.

2. Objectifs des clients potentiels de l'immobilier et des fournisseurs de biens immobiliers

Il est important pour le vendeur et le bailleur d'un bien immobilier de vendre ou de louer leur bien rapidement et au prix le plus élevé possible.

Il est important pour l'acheteur ou le locataire de trouver un bien immobilier qui réponde à ses besoins et de pouvoir acheter ou louer rapidement et sans problème.

3. Procédure jusqu'à présent utilisée pour rechercher des biens immobiliers

En règle générale, les clients potentiels examinent les biens immobiliers dans la région de leur choix sur les grands portails immobiliers. S'ils ont créé un court profil de recherche, ils peuvent se faire envoyer par e-mail des offres immobilières ou une liste de liens pointant vers des biens immobiliers. Cela a souvent lieu sur 2-3 portails immobiliers. Ensuite, les fournisseurs sont généralement contactés par e-mail. Les fournisseurs ont ainsi le droit et la possibilité de se mettre en relation directe avec les clients potentiels.

De plus, les clients potentiels contactent sporadiquement les agents immobiliers de la région de leur choix et déposent leur profil de recherche respectif.

Sur les portails immobiliers se trouvent des fournisseurs privés et professionnels. Les fournisseurs professionnels sont principalement des agents immobiliers et en partie des entreprises de construction, des revendeurs d'immeubles et d'autres sociétés immobilières (dans le texte, les fournisseurs professionnels seront appelés «agents immobiliers»)

4. Désavantage pour les fournisseurs privés / Avantage pour les agents immobiliers

Avec les biens immobiliers à vendre, il n'est pas toujours garanti que les particuliers parviennent à vendre immédiatement car, s'il s'agit d'un bien immobilier hérité par exemple, il peut exister un désaccord entre les héritiers ou le certificat d'hérédité peut faire défaut. De plus, des questions juridiques non résolues, comme entre autres un droit de résidence, peuvent compliquer une vente.

Sur le marché de la location, il peut arriver que le bailleur privé ne se soit pas procuré d'autorisation administrative, par exemple lorsqu'un immeuble (une surface) à vocation professionnelle et commerciale doit être loué(e) comme logement.

Quand un agent immobilier opère comme fournisseur, il a en général déjà résolu les questions susmentionnées. Par ailleurs, tous les documents immobiliers pertinents sont souvent déjà disponibles (plan de base, plan du site, certificat énergétique, registre foncier, documents administratifs etc.). – Par conséquent, une vente ou une location rapides et sans complications sont possibles.

5. Appariement immobilier

Pour obtenir rapidement et efficacement un appariement entre les clients potentiels et le vendeur ou le bailleur, il est généralement important d'offrir une approche systématisée et professionnelle.

Elle se fait au moyen d'une méthode inversée, c'est-à-dire d'une procédure de recherche inversée entre les agents immobiliers et les clients potentiels. Plutôt que de «livrer» les biens immobiliers à des acheteurs ou à des locataires, le portail d'appariement immobilier (appli – application) établit une qualification des clients potentiels via un profil de recherche, il compare et met en relation leurs besoins avec les propriétés proposées par les agents immobiliers.

Dans un premier temps, les personnes intéressées créent un profil de recherche concret sur le portail d'appariement immobilier. Ce profil de recherche comprend environ 20 caractéristiques. Entre autres, les caractéristiques suivantes (liste non exhaustive) sont essentielles pour le profil de recherche :

- Région / Code postal / Ville
- Type d'objet
- Surface de la propriété
- Surface habitable
- Prix de vente / loyer
- Année de construction
- Étage
- Nombre de pièces
- Loué (oui / non)
- Sous-sol (oui / non)
- Balcon / terrasse (oui / non)
- Mode de chauffage
- Espace de stationnement (oui / non)

Il est important de ne pas saisir librement les caractéristiques mais, en cliquant sur les champs de caractéristiques respectifs ou en les ouvrant (par exemple type d'objet), de faire des choix dans une liste proposant des possibilités/des options définies (par exemple pour le type d'objet: appartement, maison individuelle, entrepôt, bureau...).

En option, d'autres profils de recherche peuvent être créés par les clients potentiels. Une modification du profil de recherche est également possible.

De plus, les personnes intéressées entrent leurs coordonnées complètes dans les champs prédéfinis. Il s'agit des données suivantes: nom, prénom, rue, numéro de maison, code postal, ville, téléphone et adresse e-mail.

Dans ce contexte, les clients potentiels donnent leur accord pour qu'une prise de contact ait lieu et que leur soient envoyés, par les agents immobiliers, des dossiers de présentation des biens immobiliers appropriés.

De plus, les clients potentiels concluent un contrat avec l'opérateur du portail d'appariement immobilier.

À l'étape suivante, les profils de recherche sont mis à la disposition des agents immobiliers enregistrés au moyen d'une interface de programmation (API – Application Programming Interface) comparable, par exemple, à l'interface de programmation «openimmo» en Allemagne, mais sans être encore visibles. Il faut noter à ce sujet que cette interface de programmation, qui est quasiment la clé de voûte de la réalisation, devrait en pratique prendre en charge l'intégralité ou presque des logiciels de courtage immobilier existants et garantir la transmission. Et si ce n'est pas le cas, cela devrait devenir techniquement possible. Puisqu'il y a déjà une interface de programmation, comme l'interface de programmation «openimmo» mentionnée plus haut, et d'autres interfaces de programmation dans l'agence, une transmission des profils de recherche devrait être possible.

Ensuite, les agents immobiliers comparent leur portefeuille d'immeubles aux profils de recherche. À cette fin les biens immobiliers sont importés dans le portail d'appariement immobilier et les caractéristiques comparées et mises en relation.

Après l'exécution de la comparaison, on obtient un appariement exprimé en pourcentage. – À partir d'un appariement de 50 % par exemple, les profils de recherche sont visibles dans le logiciel de courtage immobilier.

Les caractéristiques individuelles sont pondérées entre elles (système de points) de sorte qu'après comparaison des caractéristiques un pourcentage est affecté à l'appariement (probabilité de concordance). – À titre d'exemple, la caractéristique «type d'objet» a une pondération plus élevée que la caractéristique «surface habitable». De plus, des caractéristiques précises que ce bien immobilier devrait avoir (un sous-sol par exemple) peuvent être sélectionnées.

Lors de la comparaison des caractéristiques pour l'appariement, il faut veiller à ce que les agents immobiliers reçoivent accès uniquement aux régions qu'ils ont souhaitées (réservées). Cela réduit les frais de comparaison des données. D'autant que les agents immobiliers opèrent très souvent au niveau régional. – Il faut noter ici que l'enregistrement et le traitement de grandes quantités de données sont aujourd'hui possibles grâce au «Cloud» ainsi nommé.

Pour garantir un courtage immobilier professionnel, seuls les agents immobiliers reçoivent accès aux profils de recherche.

Dans ce but, les agents immobiliers concluent un contrat avec l'opérateur du portail d'appariement immobilier.

Après la comparaison/l'appariement, les agents immobiliers peuvent contacter les clients potentiels et inversement les clients potentiels peuvent contacter les agents immobiliers. Cela signifie aussi que, lorsque les agents immobiliers ont envoyé une présentation aux clients potentiels, une attestation d'activité ou un droit des agents immobiliers à recevoir leur commission de courtage en cas de vente ou de location est documentée.

Cela suppose que l'agent immobilier soit chargé par les propriétaires (vendeur ou bailleur) du courtage de l'immeuble ou qu'il existe un consentement autorisant l'agent à proposer le bien immobilier.

6. Domaines d'application

L'appariement immobilier décrit ici est applicable à la vente et à la location immobilière dans le secteur du logement et des locaux professionnels et commerciaux. Pour les locaux professionnels et commerciaux, des caractéristiques de correspondance supplémentaires sont nécessaires.

Un agent immobilier peut aussi se trouver du côté des clients potentiels, ce qui est courant dans la pratique quand il agit par exemple sur mandat du client.

Au plan géographique, le portail d'appariement immobilier peut être utilisé dans presque tous les pays.

7. Avantages

Cet appariement immobilier offre de grands avantages aux clients potentiels quand, par exemple, ils cherchent un bien immobilier dans leur région (lieu de résidence) ou dans une autre ville/région lors d'un changement d'activité professionnelle.

Ils ne créent leur profil de recherche qu'une seule fois et reçoivent des offres immobilières adaptées de la part d'agents immobiliers actifs dans la région souhaitée.

De la sorte, cet appariement offre aussi de grands avantages aux agents immobiliers en termes d'efficacité et de gain de temps pour la vente ou la location.

Ils obtiennent immédiatement un aperçu du potentiel de clients concrets pour chacune de leurs offres immobilières.

De plus, les agents immobiliers peuvent entrer directement en contact avec leur groupe cible pertinent (entre autres en lui envoyant des présentations d'immeubles) après que ce dernier a livré, en créant son profil de recherche, des idées précises sur ses choix immobiliers.

Par conséquent, la qualité des prises de contact avec les clients potentiels, lesquels savent ce qu'ils cherchent, s'améliore, et le nombre subséquent de rendez-vous de visite d'immeubles diminue. – De même se trouve raccourcie la période consacrée à la commercialisation des immeubles disponibles.

La conclusion du contrat d'achat ou de location a lieu – comme de coutume – à la suite de la visite du bien immobilier disponible par le client potentiel.

8. Exemple de calcul du potentiel – uniquement les logements et maisons occupés par leurs propriétaires (sans les logements, les maisons et les locaux professionnels et commerciaux loués)

L'exemple suivant montre clairement quel est le potentiel offert par le portail d'appariement immobilier.

Une région de 250 000 habitants comme la ville de Mönchengladblach compte, selon des données statistiques arrondies, 125 000 ménages (2 habitants par ménage). Le taux moyen de déménagements est d'environ 10 %. Cela signifie que 12 500 ménages déménagent chaque année. – Ici, le solde d'arrivants à Mönchengladbach et de partants n'est pas pris en compte. – Environ 10 000 ménages (80 %) cherchent à louer et environ 2 500 ménages (20 %) cherchent à acheter.

Selon le rapport sur le marché de la propriété foncière établi par le comité d'experts de la ville de Mönchengladbach, 2 613 acquisitions immobilières ont eu lieu en 2012. – Cela confirme le nombre d'acheteurs potentiels de 2 500 mentionné ci-dessus. Il y en aura eu plus en réalité vu que, par exemple, les clients potentiels n'auront pas tous trouvé leur bien immobilier. Le nombre de clients potentiels effectifs ou, concrètement, le nombre de profils de recherche sera probablement deux fois plus élevé que le taux moyen de déménagements d'environ 10 %, soit 25 000 profils de recherche. Cela implique entre autres que les clients potentiels créent plusieurs profils de recherche sur le portail d'appariement immobilier.

Il convient de préciser aussi, l'expérience le montre, qu'environ la moitié de tous les clients potentiels (acheteurs et locataires) ont trouvé leur bien immobilier par le biais d'un agent immobilier, soit au total 6 250 ménages.

On sait par expérience qu'au moins 70 % de tous les ménages ont fait des recherches sur les portails immobiliers du Web, soit donc 8 750 ménages au total (ce qui correspond à 17 500 profils de recherche).

Si dans une ville comme Mönchengladbach 30 % des clients potentiels, c'est-à-dire 3 750 ménages (soit 7 500 profils de recherche), créent leur profil de recherche sur le portail d'appariement immobilier (appli – application), les agents immobiliers affiliés pourraient y proposer chaque année leurs biens immobiliers adaptés grâce à 1 500 profils de recherche concrets (20 %) d'acheteurs potentiels et 6 000 profils de recherche concrets (80 %) de locataires potentiels.

Cela veut dire que, sur une durée de recherche moyenne de 10 mois et à un prix de par exemple

50 € par mois pour chaque profil de recherche créé par des clients potentiels, il en résulte, pour 7 500 profils de recherche, un chiffre d'affaires potentiel de 3 750 000 € par an dans une ville de 250 000 habitants.

Si l'on extrapole à la République fédérale d'Allemagne et à ses quelque 80 000 000 (80 millions) d'habitants (valeur arrondie), il en résulte un chiffre d'affaires potentiel de 1 200 000 000 € (1,2 Md €) par an. – Si au lieu de 30 % de tous les clients potentiels 40 % par exemple recherchent leur bien immobilier via le portail d'appariement immobilier, le potentiel de chiffre d'affaires passe alors à 1 600 000 000 € (1,6 Md €) par an.

Ce chiffre d'affaires potentiel se réfère uniquement aux appartements et maisons en usage propre. Les immeubles de location ou immeubles de rapport dans le secteur du logement et dans tout le secteur des locaux professionnels et commerciaux ne sont pas compris dans ce calcul de potentiel.

Avec en Allemagne environ 50 000 entreprises dans le domaine du courtage immobilier (y compris les entreprises de construction, les revendeurs d'immeubles et d'autres sociétés immobilières) comptant environ 200 000 employés, et avec par exemple 20 % de ces 50 000 entreprises utilisant le portail d'appariement immobilier à l'aide de 2 licences en moyenne, il résulte, pour un prix (exemple) de 300 € par mois et par licence, un potentiel de chiffre d'affaires de 72 000 000 € (72 millions €) par an. Il faudrait en outre qu'elles s'enregistrent au niveau régional afin d'obtenir les profils de recherche à ce niveau et pour pouvoir générer, selon la configuration, un supplément de chiffre d'affaires considérable.

Les agents immobiliers n'auraient plus besoin, grâce à ce vaste potentiel de personnes intéressées accompagnées de profils de recherche concrets, d'actualiser en permanence leur base de données clients si présente. Surtout que ce nombre de profils de recherche actuels va très vraisemblablement dépasser le nombre de profils de recherche créés par de nombreux agents immobiliers dans leurs bases de données.

Si ce portail innovant d'appariement immobilier devait trouver une application dans plusieurs pays, des acheteurs potentiels venus d'Allemagne pourraient par exemple créer un profil de recherche pour des appartements de vacances sur l'île méditerranéenne de Majorque (Espagne) et les agents immobiliers de Majorque affiliés pourraient de leur côté présenter par e-mail des appartements appropriés à leurs clients potentiels allemands. − Si les présentations envoyées sont rédigées en espagnol, les clients potentiels peuvent aujourd'hui rapidement traduire le texte en allemand sur Internet à l'aide de programmes de traduction.

Pour établir un appariement multilingue entre les profils de recherche et les biens immobiliers à vendre/louer, une comparaison des caractéristiques respectives peut avoir lieu dans le portail d'appariement immobilier sur la base de caractéristiques programmées (mathématiques) en faisant abstraction de la langue et sachant que la langue respective sera attribuée ensuite.

Avec l'utilisation du portail d'appariement immobilier sur tous les continents, le potentiel de chiffre d'affaires indiqué ci-dessus (uniquement les personnes intéressées par la recherche) se présenterait, moyennant une extrapolation très simplifiée, comme suit:

Population mondiale:

7 500 000 000 (7,5 milliards) d'habitants

1. Population des pays industrialisés et largement industrialisés:

   2 000 000 000 (2,0 milliards) d'habitants

2. Population des pays émergents:

   4 000 000 000 (4,0 milliards) d'habitants

3. Population des pays en développement:

   1 500 000 000 (1,5 milliards) d'habitants

Le potentiel de chiffre d'affaires annuel en République fédérale d'Allemagne, soit 1,2 milliard € pour 80 millions d'habitants, est extrapolé à l'aide des facteurs suivants adoptés pour les pays industrialisés, émergents et en voie de développement.

1. Pays industrialisés: 1,0

2. Pays émergents: 0,4

3. Pays en développement: 0,1

L'on obtient donc le potentiel de chiffre d'affaires annuel suivant (1,2 milliard € x la population (pays industrialisés, émergents ou en voie de développement) / 80 millions d'habitants x le facteur).

1. Pays industrialisés: 30,00 Md €

2. Pays émergents: 24,00 Md €

3. Pays en développement: 2,25 Md €

   Total: **56,25 Md €**

9. Conclusion

Le portail d'appariement immobilier présenté ici offre des avantages significatifs aux personnes recherchant des biens immobiliers (clients potentiels) et aux agents immobiliers.

1. Les clients potentiels réduisent notablement le temps qu'ils passent à rechercher un bien immobilier approprié car ils ne créent leur profil de recherche qu'une seule fois.

2. Les agents immobiliers obtiennent une vue d'ensemble du nombre de clients potentiels ayant déjà émis des souhaits concrets (profil de recherche).

3. Les clients potentiels ne reçoivent que les offres immobilières souhaitées ou adaptées (conformes à leur profil de recherche) présentées par tous les agents immobiliers (présélection quasiment automatique).

4. Les agents immobiliers réduisent les frais de maintenance de leurs bases de données individuelles concernant les profils de recherche car un nombre très élevé de profils actualisés sont en permanence disponibles.

5. Comme seuls les fournisseurs/agents immobiliers professionnels sont enregistrés sur le portail d'appariement immobilier, les clients potentiels traitent avec des courtiers en biens immobiliers professionnels et souvent expérimentés.

6. Les agents immobiliers réduisent le nombre de visites et au final la durée de commercialisation. En contrepartie, les rendez-vous pris par le client potentiel sont moins nombreux et le délai de conclusion du contrat d'achat ou de location est plus court.

7. Les propriétaires de biens immobiliers à vendre et à louer jouissent également d'un

gain de temps. Le taux de vacance des biens immobiliers à louer est plus faible, le prix d'achat est acquitté plus tôt dans le cas de biens immobiliers à vendre du fait qu'ils sont loués ou vendus plus tôt, ce qui constitue donc un avantage financier.

Avec la réalisation ou la mise en œuvre de ce concept d'appariement immobilier, un progrès significatif a été accompli dans le courtage immobilier.

10. Intégration du portail d'appariement immobilier dans un nouveau logiciel de courtage immobilier incluant des évaluations immobilières

En tant que solution complète, le portail d'appariement immobilier décrit ici peut, ou devrait, faire partie intégrante dès le départ d'un nouveau logiciel de courtage immobilier – idéalement exploitable dans le monde entier –. Autrement dit, les agents immobiliers peuvent utiliser le portail d'appariement immobilier soit en plus de leur logiciel de courtage immobilier, soit, dans un cas idéal, avec le nouveau logiciel de courtage immobilier comprenant le portail d'appariement immobilier.

Grâce à l'intégration de ce portail d'appariement immobilier efficace et innovant dans un logiciel de courtage immobilier particulier, une caractéristique unique fondamentale est créée pour le logiciel de courtage immobilier, qui sera essentielle pour la pénétration du marché.

Puisque dans le courtage immobilier l'évaluation immobilière est et sera toujours un élément essentiel, un outil d'évaluation immobilière devrait impérativement être intégré dans le logiciel de courtage immobilier. L'évaluation immobilière assortie des opérations de calcul appropriées peut accéder par des liens aux données/paramètres pertinents à partir des biens immobiliers saisis/crées par l'agent immobilier. Le cas échéant, l'agent immobilier ajoute les paramètres manquants à partir de sa propre expertise du marché régional.

De surcroît, il devrait être possible d'intégrer dans le logiciel de courtage immobilier des visites virtuelles du portefeuille de biens immobiliers proposés. Cela pourrait par exemple être réalisé en mode simplifié : une appli (application) supplémentaire pour téléphones mobiles et/ou tablettes serait développée qui, après enregistrement de la visite virtuelle des biens immobiliers, l'intégrerait et la grefferait de façon largement automatique dans le logiciel de courtage immobilier.

Si ce portail d'appariement immobilier efficace et innovant est intégré dans un nouveau logiciel de courtage immobilier et inclue l'évaluation du bien immobilier, le potentiel de chiffre d'affaires augmente à nouveau nettement.

Matthias Fiedler
Korschenbroich, le 31.10.2016

Matthias Fiedler
Erika-von-Brockdorff-Str. 19
41352 Korschenbroich
Allemagne
www.matthiasfiedler.net

www.ingramcontent.com/pod-product-compliance
Lightning Source LLC
Chambersburg PA
CBHW071524210326
41597CB00018B/2884